E·N·S·E·M·B·L·E
[アンサンブル楽譜]

WSEF-18-007

糸

作曲：中島みゆき　編曲：浅野由莉

フレックス5(〜8)重奏

Part 1
Flute (Piccolo) / Oboe / E♭ Clarinet / B♭ Clarinet / Soprano Saxophone / B♭ Trumpet

Part 2
Flute / Oboe / B♭ Clarinet / Alto Saxophone / B♭ Trumpet

Part 3
B♭ Clarinet / Alto Saxophone / Tenor Saxophone / F Horn

Part 4
B♭ Clarinet / Tenor Saxophone / F Horn / Trombone / Euphonium

Part 5
Bassoon / Bass Clarinet / Baritone Saxophone / Euphonium (Trombone) / Tuba / String Bass (Electric Bass)

Drums

Percussion
Wind Chime, Triangle, Tambourine

Mallet
Glockenspiel

＊イタリック表記の楽譜はオプション

　　日本中で愛される名曲『糸』は、結婚式や卒業式の定番曲としても有名な一曲です。1992年に発売されたアルバム「EAST　ASIA」に収録されています。人と人との巡りあいを糸になぞらえて紡いだ中島みゆきの珠玉のバラードで、優しさと力強さを感じる楽曲です。結婚式や卒業式、コンサートなど、どんな演奏シーンでも活躍するこの曲をフレックスアンサンブルで演奏してみてください♪

フレックス5(〜8)重奏
糸

中島みゆき 作曲
浅野由莉 編曲

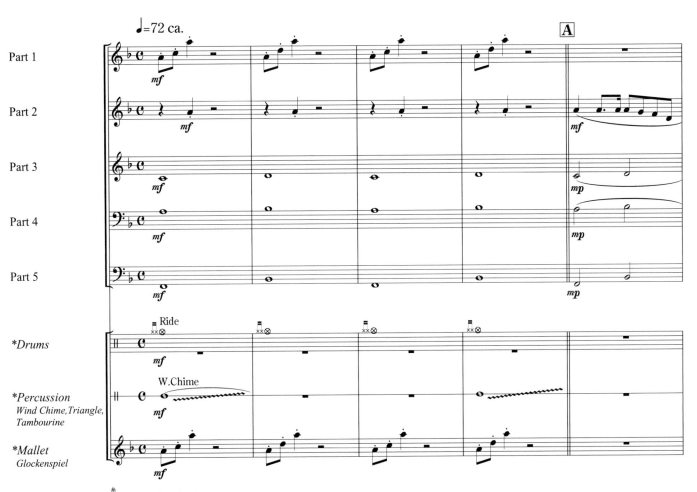

ご注文について

ウィンズスコアの商品は全国の楽器店、ならびに書店にてお求めになれますが、店頭でのご購入が困難な場合、当社WEBサイト・電話からのご注文で、直接ご購入が可能です。

◎当社WEBサイトでのご注文方法

http://www.winds-score.com

上記のURLへアクセスし、WEBショップにてご注文ください。

◎お電話でのご注文方法

TEL.0120-713-771

営業時間内に電話いただければ、電話にてご注文を承ります。

※この出版物の全部または一部を権利者に無断で複製(コピー)することは、著作権の侵害にあたり、著作権法により罰せられます。

※造本には十分注意しておりますが、万一、落丁・乱丁などの不良品がありましたらお取り替えいたします。また、ご意見・ご感想もホームページより受け付けておりますので、お気軽にお問い合わせください。

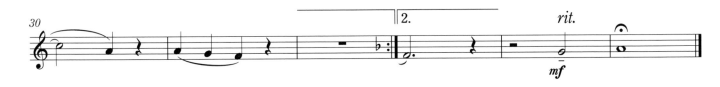

MEMO

Part 1
Flute (Piccolo)

フレックス5(〜8)重奏
糸

中島みゆき 作曲
浅野由莉 編曲

Part 1
E♭ Clarinet

フレックス5(～8)重奏
糸

中島みゆき 作曲
浅野由莉 編曲

Part 1
B♭ Clarinet / Soprano Saxophone

フレックス5(〜8)重奏

糸

中島みゆき 作曲
浅野由莉 編曲

糸

Part 1
B♭ Trumpet

中島みゆき 作曲
浅野由莉 編曲

MEMO

Part 2 (in C)

フレックス5(〜8)重奏
糸

中島みゆき 作曲
浅野由莉 編曲

MEMO

Part 2
Flute

フレックス5(～8)重奏
糸

中島みゆき 作曲
浅野由莉 編曲

糸

フレックス5(〜8)重奏

中島みゆき 作曲
浅野由莉 編曲

Part 2
Oboe

Part 2
B♭ Clarinet

フレックス5(～8)重奏
糸

中島みゆき 作曲
浅野由莉 編曲

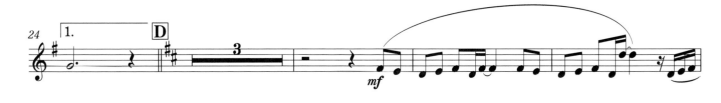

Part 2
Alto Saxophone

フレックス5(〜8)重奏
糸

中島みゆき 作曲
浅野由莉 編曲

MEMO

Part 3 (in C)

フレックス5(〜8)重奏
糸

中島みゆき 作曲
浅野由莉 編曲

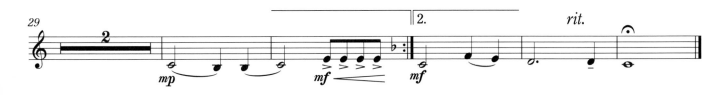

MEMO

Part 3
B♭ Clarinet

フレックス5(〜8)重奏
糸

中島みゆき 作曲
浅野由莉 編曲

糸

Part 3
Alto Saxophone

フレックス5(〜8)重奏

中島みゆき 作曲
浅野由莉 編曲

Part 3
F Horn

フレックス5(〜8)重奏
糸

中島みゆき 作曲
浅野由莉 編曲

Part 4 (in C)

フレックス5(〜8)重奏
糸

中島みゆき 作曲
浅野由莉 編曲

MEMO

Part 4
B♭ Clarinet

フレックス5(〜8)重奏
糸

中島みゆき 作曲
浅野由莉 編曲

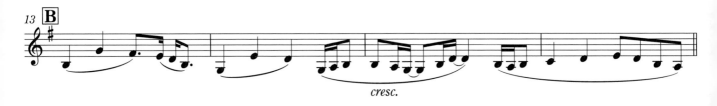

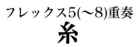

Part 4
F Horn

フレックス5(〜8)重奏
糸

中島みゆき 作曲
浅野由莉 編曲

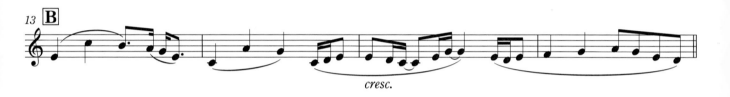

Part 4
Trombone / Euphonium

フレックス5(〜8)重奏
糸

中島みゆき 作曲
浅野由莉 編曲

Part 5 (in C)

フレックス5(〜8)重奏
糸

中島みゆき 作曲
浅野由莉 編曲

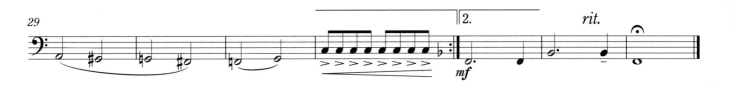

MEMO

Part 5
Bassoon

フレックス5(〜8)重奏
糸

中島みゆき 作曲
浅野由莉 編曲

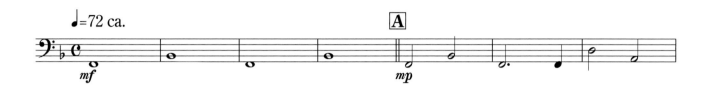

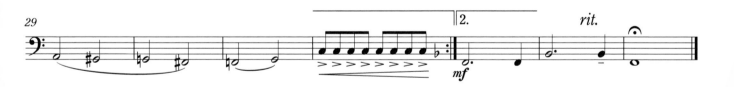

Part 5
Bass Clarinet

フレックス5(〜8)重奏
糸

中島みゆき 作曲
浅野由莉 編曲

Part 5
Baritone Saxophone

フレックス5(〜8)重奏
糸

中島みゆき 作曲
浅野由莉 編曲

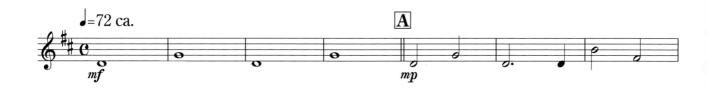

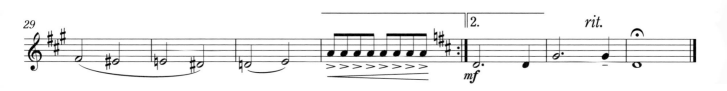

Part 5
Euphonium (Trombone)

フレックス5(〜8)重奏
糸

中島みゆき 作曲
浅野由莉 編曲

Part 5
Tuba

フレックス5(〜8)重奏
糸

中島みゆき 作曲
浅野由莉 編曲

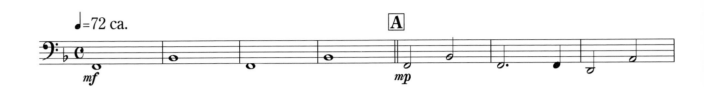

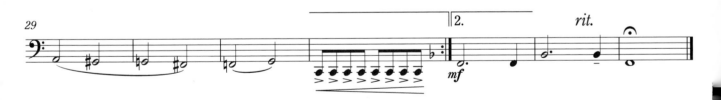

Part 5
String Bass (Electric Bass)

フレックス5(〜8)重奏
糸

中島みゆき 作曲
浅野由莉 編曲

Drums

フレックス5(〜8)重奏
糸

中島みゆき 作曲
浅野由莉 編曲

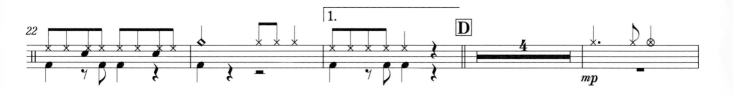
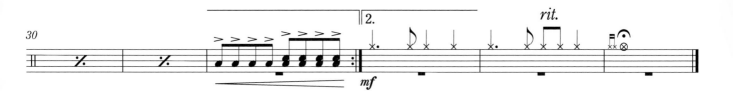

MEMO

Mallet
Glockenspiel

フレックス5(〜8)重奏
糸

中島みゆき 作曲
浅野由莉 編曲

Percussion
Wind Chime, Triangle, Tambourine

フレックス5(〜8)重奏

糸

中島みゆき 作曲
浅野由莉 編曲

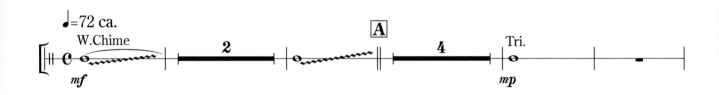

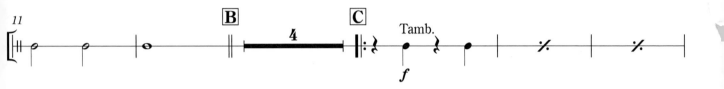

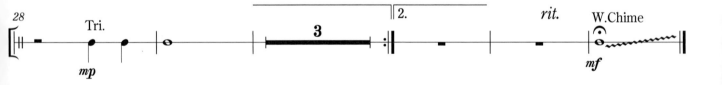